PLATZ

FÜR IHR

FOTO

GRILLMEISTER

Parragon

Bath • New York • Singapore • Hong Kong • Cologne • Delhi
Melbourne • Amsterdam • Johannesburg • Auckland • Shenzhen

VORBEREITUNGSZEIT

GRILLZEIT

ANZAHL DER PERSONEN

Queen Street House
4 Queen Street
Bath BA1 1 HE, UK
www.parragon.com

Design: Sabine Vonderstein, Köln
Abbildungen: iStockphoto

ISBN: 978-1-4454-6668-2

Printed in China

REZEPT:

ZUTATEN

ZUBEREITUNG

TIPP:

FLEISCH

REZEPT:

ZUTATEN

ZUBEREITUNG

TIPP:

REZEPT:

FLEISCH

ZUTATEN

ZUBEREITUNG

TIPP:

REZEPT:

ZUTATEN

ZUBEREITUNG

TIPP:

REZEPT:

FLEISCH

ZUTATEN

ZUBEREITUNG

TIPP:

REZEPT:

ZUTATEN

ZUBEREITUNG

TIPP:

REZEPT:

FLEISCH

ZUTATEN

ZUBEREITUNG

TIPP:

REZEPT:

ZUTATEN

ZUBEREITUNG

TIPP:

FLEISCH

REZEPT:

ZUTATEN

ZUBEREITUNG

TIPP:

REZEPT:

ZUTATEN

ZUBEREITUNG

TIPP:

REZEPT:

ZUTATEN

ZUBEREITUNG

TIPP:

REZEPT:

ZUTATEN

ZUBEREITUNG

TIPP:

REZEPT:

ZUTATEN

ZUBEREITUNG

TIPP:

REZEPT:

ZUTATEN

ZUBEREITUNG

TIPP:

REZEPT:

FLEISCH

ZUTATEN

ZUBEREITUNG

TIPP:

REZEPT:

ZUTATEN

ZUBEREITUNG

TIPP:

REZEPT:

ZUTATEN

ZUBEREITUNG

TIPP:

REZEPT:

ZUTATEN

ZUBEREITUNG

TIPP:

REZEPT:

ZUTATEN

ZUBEREITUNG

TIPP:

REZEPT:

ZUTATEN

ZUBEREITUNG

TIPP:

REZEPT:

ZUTATEN

ZUBEREITUNG

TIPP:

REZEPT:

ZUTATEN

ZUBEREITUNG

TIPP:

REZEPT:

ZUTATEN

ZUBEREITUNG

TIPP:

REZEPT:

ZUTATEN

ZUBEREITUNG

TIPP:

REZEPT:

ZUTATEN

ZUBEREITUNG

TIPP:

FLEISCH

REZEPT:

ZUTATEN

ZUBEREITUNG

TIPP:

REZEPT:

ZUTATEN

ZUBEREITUNG

TIPP:

REZEPT:

ZUTATEN

ZUBEREITUNG

TIPP:

REZEPT:

ZUTATEN

ZUBEREITUNG

TIPP:

FISCH

REZEPT:

ZUTATEN

ZUBEREITUNG

TIPP:

REZEPT:

ZUTATEN

ZUBEREITUNG

TIPP:

FISCH

REZEPT:

ZUTATEN

ZUBEREITUNG

TIPP:

REZEPT:

ZUTATEN

ZUBEREITUNG

TIPP:

REZEPT:

ZUTATEN

ZUBEREITUNG

TIPP:

REZEPT:

ZUTATEN

ZUBEREITUNG

TIPP:

REZEPT:

ZUTATEN

ZUBEREITUNG

TIPP:

REZEPT:

ZUTATEN

ZUBEREITUNG

TIPP:

REZEPT:

ZUTATEN

ZUBEREITUNG

TIPP:

REZEPT:

ZUTATEN

ZUBEREITUNG

TIPP:

FISCH

REZEPT:

ZUTATEN

ZUBEREITUNG

TIPP:

REZEPT:

ZUTATEN

ZUBEREITUNG

TIPP:

FISCH

REZEPT:

ZUTATEN

ZUBEREITUNG

TIPP:

REZEPT:

ZUTATEN

ZUBEREITUNG

TIPP:

REZEPT:

ZUTATEN

ZUBEREITUNG

TIPP:

REZEPT:

ZUTATEN

ZUBEREITUNG

TIPP:

REZEPT:

ZUTATEN

ZUBEREITUNG

TIPP:

REZEPT:

ZUTATEN

ZUBEREITUNG

TIPP:

FISCH

REZEPT:

ZUTATEN

ZUBEREITUNG

TIPP:

REZEPT:

ZUTATEN

ZUBEREITUNG

TIPP:

FISCH

REZEPT:

ZUTATEN

ZUBEREITUNG

TIPP:

REZEPT:

ZUTATEN

ZUBEREITUNG

TIPP:

REZEPT:

ZUTATEN

ZUBEREITUNG

TIPP:

REZEPT:

ZUTATEN

ZUBEREITUNG

TIPP:

REZEPT:

ZUTATEN

ZUBEREITUNG

TIPP:

REZEPT:

ZUTATEN

ZUBEREITUNG

TIPP:

REZEPT:

ZUTATEN

ZUBEREITUNG

TIPP:

REZEPT:

ZUTATEN

ZUBEREITUNG

TIPP:

REZEPT:

ZUTATEN

ZUBEREITUNG

TIPP:

REZEPT:

ZUTATEN

ZUBEREITUNG

TIPP:

REZEPT:

ZUTATEN

ZUBEREITUNG

TIPP:

REZEPT:

ZUTATEN

ZUBEREITUNG

TIPP:

REZEPT:

ZUTATEN

ZUBEREITUNG

TIPP:

REZEPT:

ZUTATEN

ZUBEREITUNG

TIPP:

REZEPT:

ZUTATEN

ZUBEREITUNG

TIPP:

REZEPT:

ZUTATEN

ZUBEREITUNG

TIPP:

REZEPT:

ZUTATEN

ZUBEREITUNG

TIPP:

REZEPT:

ZUTATEN

ZUBEREITUNG

TIPP:

REZEPT:

ZUTATEN

ZUBEREITUNG

TIPP:

REZEPT:

ZUTATEN

ZUBEREITUNG

TIPP:

REZEPT:

ZUTATEN

ZUBEREITUNG

TIPP:

REZEPT:

ZUTATEN

ZUBEREITUNG

TIPP:

REZEPT:

ZUTATEN

ZUBEREITUNG

TIPP:

REZEPT:

ZUTATEN

ZUBEREITUNG

TIPP:

REZEPT:

ZUTATEN

ZUBEREITUNG

TIPP:

REZEPT:

ZUTATEN

ZUBEREITUNG

TIPP:

REZEPT:

ZUTATEN

ZUBEREITUNG

TIPP:

REZEPT:

ZUTATEN

ZUBEREITUNG

TIPP:

REZEPT:

ZUTATEN

ZUBEREITUNG

TIPP:

REZEPT:

ZUTATEN

ZUBEREITUNG

TIPP:

REZEPT:

ZUTATEN

ZUBEREITUNG

TIPP:

REZEPT:

ZUTATEN

ZUBEREITUNG

TIPP:

REZEPT:

ZUTATEN

ZUBEREITUNG

TIPP:

REZEPT:

ZUTATEN

ZUBEREITUNG

TIPP:

REZEPT:

ZUTATEN

ZUBEREITUNG

TIPP:

REZEPT:

ZUTATEN

ZUBEREITUNG

TIPP:

REZEPT:

ZUTATEN

ZUBEREITUNG

TIPP:

REZEPT:

ZUTATEN

ZUBEREITUNG

TIPP:

REZEPT:

ZUTATEN

ZUBEREITUNG

TIPP:

REZEPT:

ZUTATEN

ZUBEREITUNG

TIPP:

REZEPT:

ZUTATEN

ZUBEREITUNG

TIPP:

REZEPT:

ZUTATEN

ZUBEREITUNG

TIPP:

REZEPT:

ZUTATEN

ZUBEREITUNG

TIPP:

REZEPT:

ZUTATEN

ZUBEREITUNG

TIPP:

REZEPT:

ZUTATEN

ZUBEREITUNG

TIPP: